AF232246

ORGANISATION DU TRAVAIL

SYSTÈME COMPLET

D'ORGANISATION

DE LA

PRODUCTION NATIONALE

PAR

L'ASSOCIATION

DU TRAVAIL, DU CAPITAL ET DU TALENT.

Imprimerie de Gustave Gratiot, 11, rüe de la Monnaie.

ORGANISATION DU TRAVAIL

SYSTÈME COMPLET

D'ORGANISATION

DE LA

PRODUCTION NATIONALE

PAR

L'ASSOCIATION

DU TRAVAIL, DU CAPITAL ET DU TALENT

Système réalisable immédiatement et conciliant tous les intérêts

PAR

ANTONIN GRANDVALLET

ET

EUGÈNE LAMULONIÈRE

PARIS

AMABLE RIGAUD

Galerie Vivienne, 5 et 7

Et chez l'Auteur, rue de Clichy, 78.

1848

Ce travail, commencé en 1834 et terminé en 1840, fut autographié à 200 exemplaires, et déposé à l'Académie des Sciences morales en 1843. Nous avions l'intention, aussitôt qu'il nous serait possible de le faire imprimer et tirer à plusieurs mille exemplaires, de le répandre gratuitement parmi les travailleurs; car il ne fallait pas penser alors à retirer même les frais d'un ouvrage traitant de l'organisation du travail, nos amis eux-mêmes nous regardant comme fous, et ceux qui nous portaient le plus d'intérêt nous plaignant de donner notre intelligence et nos veilles à un travail stérile, et de nous occuper d'une question qui ne devait pas être posée dans notre siècle.

Il ne fallait pas non plus songer au moindre encouragement de la part de gouvernants qui, nous considérant comme des perturbateurs et des fauteurs de coalitions, nous avaient refusé tout moyen de recueillir les documents statistiques nécessaires, et nous avaient fait entendre que la police avait les yeux sur nous.

Cependant, pleins d'espoir dans l'avénement prochain de notre idée, nous disions comme Galilée : *Et pourtant elle marche !* nous voyions au contraire dans la compression qu'on exerçait sur elle, la certitude de son affranchissement, et nous continuions à chercher avec ardeur les moyens de répandre les premiers éléments d'une science qui ferait défaut au moment du besoin.

Mais mon ami et mon collaborateur fut obligé d'aller,

avec sa vieille mère, chercher en Amérique une position que son pays lui refusait, et je restai réduit à mes seules forces.

Le 24 février, quand un peuple entier proclama le droit au travail et la nécessité d'organiser les travailleurs, je pensais que le premier soin du gouvernement allait être de fournir à tous les hommes qui avaient élaboré ces questions les moyens de répandre leurs travaux et d'apporter leur part de lumière au foyer; mais cette fois encore j'ai dû compter sur moi seul, et sans le concours d'un brave ouvrier, ce qui peut être utile dans mon travail serait resté inconnu.

Je crois donc devoir l'associer à mon œuvre et proclamer son nom, afin que les travailleurs sachent bien que c'est sur eux surtout qu'ils doivent compter, et que c'est de leur association avec les penseurs et les socialistes qui ont étudié les besoins et les droits de tous, que doit surgir leur bonheur et leur véritable affranchissement.

J'engage seulement les travailleurs, maintenant que j'ai réussi à publier mon ouvrage, à demander au gouvernement qu'il fasse immédiatement un fonds destiné à éditer et répandre tous les ouvrages qui traitent les questions d'organisation du travail, d'économie sociale et d'association, afin que tous ces travaux ne restent pas inutiles faute d'être produits.

Il n'y a pas d'œuvre de ce genre qui ne contienne au moins une pensée neuve, un procédé ingénieux, et le gouvernement serait coupable s'il ne donnait pas à toute lumière le moyen de se faire.

Lettre de M. Renel, ouvrier menuisier, à M. Antonin Grandvallet.

Batignolles, 10 mars 1848.

J'ai lu et étudié attentivement votre ouvrage sur l'organisation du travail. J'y ai vu l'œuvre d'un homme animé des meilleures intentions pour la classe ouvrière, et ayant acquis par une longue pratique, comme ouvrier et comme maître, la connaissance de ses besoins et de ses droits. Je crois qu'il contient la véritable solution de la question, parce qu'il accorde tous les intérêts et qu'il leur assure à tous un bénéfice plus grand que celui obtenu aujourd'hui.

J'ai appris aussi la difficulté que vous aviez à le faire éditer ; comme je suis convaincu qu'il est du plus grand intérêt pour les travailleurs qu'il soit promptement répandu, je mets à votre disposition 500 francs que j'ai économisés depuis quatre ans sur mon travail, et qui sont à la Caisse d'épargne, livret n° 87,031.

M. Antonin Grandvallet à M. Renel.

Votre offre est la plus belle récompense de mes travaux, je l'accepte avec bonheur.

Que cette première association entre le capital d'un ancien travailleur et le travail d'un ancien maître devienne le gage d'alliance entre ces intérêts longtemps ennemis, et pose la première pierre de l'autel sur lequel vont fraterniser bientôt le travail, le capital et le talent !

TRAVAILLEURS,

J'ai été ouvrier comme vous, puis je suis devenu maître.

Ouvrier, j'ai souffert de l'exploitation, de l'insuffisance du prix de journée, du servage du salaire, de l'inquiétude du lendemain.

Maître, j'ai eu à lutter contre l'improbité commerciale, l'absence d'organisation du crédit et la concurrence anarchique.

Ouvrier, j'ai compris les embarras du maître.

Maître, j'ai ressenti les souffrances de l'ouvrier. Un ouvrier qui entrait dans mes ateliers, c'était un fils, un frère de plus dans ma famille ; aussi je n'ai pas fait fortune, mais tous mes ouvriers sont restés mes amis.

L'immensité du mal m'a donné foi dans l'existence d'un remède ; je l'ai cherché pendant dix années de ma vie : je crois l'avoir trouvé.

Travailleurs ! c'est au calme de votre bon sens, à la moralité de vos espérances que je le soumets.

Les théories brillantes ne vous éblouiront pas, il faut à votre esprit pratique des solutions pratiques.

Vous savez que c'est parce que l'horizon du possible est borné qu'on est sûr de l'atteindre, et que le travailleur est aujourd'hui trop épuisé par ses misères pour entreprendre encore un voyage pénible et sans fin dans les champs de l'inconnu.

Vous avez aussi été opprimés assez longtemps pour avoir horreur de l'oppression et ne pas consentir à devenir oppresseurs à votre tour.

Vous pensez avec moi qu'organiser le travail, c'est faire cesser la lutte et l'oppression, c'est mettre l'ordre dans tous les agents qui concourent à la production, c'est tirer le parti le plus utile possible des richesses que le labeur, l'expérience et l'épargne de nos pères nous ont amassées.

Le travail, c'est la sueur du peuple, c'est le principe fécondant et sacré de la production.

Respect et reconnaissance au travail.

Le talent, c'est le travail de l'intelligence et de la pensée.

Respect et reconnaissance au talent.

Le capital, dans quelques mains qu'il se trouve, c'est du travail épargné et amassé.

Respect et reconnaissance au capital.

La meilleure organisation du travail sera celle qui donnera satisfaction aux justes prétentions de ces trois agents producteurs, qui les associera librement, sans aucune contrainte.

Si l'un d'eux est frappé dans ses droits, dans ses intérêts, il n'y aura pas organisation, la lutte continuera.

Où il y a lutte, il y a des vaincus et des opprimés.

Il ne doit plus y avoir de vaincus et d'opprimés dans le grand champ du travail, mais des frères, des associés, apportant chacun, selon sa force, son talent, ou son travail amassé, sa part dans la grande œuvre, aidant et applaudissant aux services, aux succès de ses frères; alors seulement seront établies sur la terre la fraternité, la solidarité universelle.

INTRODUCTION.

J'aurais pu commencer par la critique des faits existants et la démonstration de leur incohérence, mais à quoi bon frapper un coup de plus sur l'édifice qui s'écroule ; assez d'autres, avant moi, n'ont fait que critiquer, sans indiquer aucun moyen pratique.

Ce qu'il faut aujourd'hui, ce qui presse, c'est la construction de l'édifice nouveau et la solidité de sa base ; c'est la position d'un principe fondamental et mathématiquement vrai, d'où découlent logiquement, comme autant de corollaires, toutes les parties d'un système ; c'est la découverte d'un procédé qui donne la vitalité à ce mot *association*, inscrit sur le drapeau de toutes les écoles et qui, aujourd'hui, n'est encore qu'un mot (1), quoiqu'il soit proposé comme le remède universel pour toutes les maladies sociales par les écrivains socialistes et humanitaires, puisqu'il n'a pu, jusqu'à présent, rien résoudre, rien créer.

Autre chose est un principe simple, abstrait, immuable, ou un principe social devant non s'imposer aux hommes, mais s'en faire accepter.

(1) Excepté dans l'école phalanstérienne.

Le procédé, le principe fondamental, nous croyons l'avoir trouvé, c'est l'*accord de tous les intérêts*.

Quand une solution économique répondra à une question posée entre deux intérêts rivaux, *en donnant satisfaction aux deux intérêts rivaux et à l'intérêt général,* nous dirons et tous diront avec nous qu'elle est vraie et dans les voies de la Providence.

Tout problème social revient toujours à une lutte de deux intérêts particuliers et opposés, se mesurant en présence de l'intérêt général, celui des masses, et par conséquent de la justice.

On comprend bien que telle solution puisse satisfaire plus exclusivement, soit le capital, soit le travail, soit le talent; mais aucune d'elles serait-elle volontairement acceptée par l'intérêt qui se verrait sacrifié à l'autre? Si donc on veut entrer dans la voie immédiatement pratique et incarner pour ainsi dire une théorie sociale, il faut que les trois intérêts qu'elle a pour but d'organiser, l'adoptent chacun comme lui étant spécialement favorable et en désirent séparément la réalisation.

Aujourd'hui, tout le monde se préoccupe vivement des souffrances du travailleur et du soulagement de ses misères. Ce sentiment réagit facilement contre le développement exagéré du capital, contre ses prétentions exorbitantes, ses immenses bénéfices. De là, à formuler la spoliation sous prétexte de restitution et l'interdiction par représailles, il n'y a qu'un pas; seulement, nous l'affirmons, ce pas serait la ruine du nouvel oppresseur.

Car le capital, qui est un agent indispensable de la production disparaîtrait. Le capital comme le travail se porte où il est récompensé équitablement de sa coopération, et nous l'avons dit, sans le capital pas de travail.

Cette nécessité d'une rétribution pour le capital est du reste un fait heureux ; car notre but étant d'amener le travailleur à posséder bientôt un capital, que ferait-il de ce capital s'il n'avait aucun emploi rétribué dans la production. Le travail étant seul récompensé, l'ouvrier serait alors condamné au travail à perpétuité, sous peine de mourir de faim à côté de son capital improductif.

Nous n'avons jamais flatté le capital pendant qu'il régnait, nous ne flatterons pas davantage le travail arrivé au partage du pouvoir, parce que nous ne voulons de lui que son estime et son affection. Nous lui dirons qu'il se méfie de ses flatteurs qui ne lui exagèrent ses droits que pour le duper ou le perdre ; nous lui rappelerons que l'oppression est providentiellement fatale à ceux qui l'exercent, et que le contrat le plus équitable est toujours le plus avantageux et le plus fécond.

Il s'agit donc de déterminer ces proportions équitables et de formuler les conditions du nouveau contrat d'association entre le travail, le capital et le talent.

ORGANISATION DU TRAVAIL.

SYSTÈME COMPLET D'ORGANISATION

DE LA

PRODUCTION NATIONALE

PAR L'ASSOCIATION DU TRAVAIL, DU CAPITAL ET DU TALENT.

PREMIÈRE PARTIE.

POSITION ET SOLUTION THÉORIQUE DU PROBLÈME.

CHAPITRE I. — § Ier.
Démonstrations et conclusions fondamentales.

Organiser la production, c'est mettre en jeu les agents producteurs de manière à en retirer le plus grand effet possible. Cette définition suppose que ces agents sont donnés au préalable dans l'état le plus propre à l'œuvre industrielle, et qu'il ne s'agit plus que de déterminer leurs rapports réciproques.

Nous n'examinerons pas spécialement les conditions du plus grand développement possible de chacun des agents producteurs considérés isolément. Nous n'étudierons pas ces agents dans leur essence et dans leurs subdivisions. Nous nous bornerons à constater leurs principaux caractères, et notre but unique sera de poser les règles de leur engrènement et de leurs fonctions.

Des agents producteurs.

Les agents qui concourent à la production sont nombreux et variés ; mais ils peuvent se résumer et se grouper en trois catégories.

Les uns sont matériels et passifs ; c'est le capital.

D'autres manuels et actifs ; c'est le travail.

Les derniers enfin intellectuels et recteurs ; c'est le talent.

Capital et travail.

Dans l'analyse que nous ferons de la production, nous ne nous occuperons nominalement que des deux premiers ; le talent sera pour nous un degré supérieur du travail, une sorte de fonction hiérarchique, issue du sein de la main-d'œuvre pour la diriger, mais sans en différer essentiellement par sa nature.

C'est donc seulement entre le capital et le travail que nous aurons à poser les bases de relations telles que la production puisse acquérir le développement le plus considérable ; cet énoncé renferme implicitement l'idée de la distribution la plus équitable des produits. Car tout progrès dans la production correspond, en fait et en théorie, à une meilleure répartition des richesses déjà créées.

Formule théorique de leurs relations.

Le problème de l'organisation de la production est donc celui-ci :

Trouver les conditions équitables de rapport entre le capital et le travail.

Si complexe que cette question soit dans la pratique, et si loin que nous nous trouvions encore d'une solution entière, on ne peut nier du moins

que la théorie n'en soit aussi simple que satisfai-
sante.

Puisque le capital et le travail mettent leurs ressources en commun pour la production, il est évident
que les bénéfices de cette production doivent se répartir entre eux dans la proportion de leurs mises sociales.
Si, dans une opération industrielle, le capital entre
pour 300,000 fr., la main-d'œuvre pour 200,000 fr.,
les bénéfices ou les pertes devront se répartir entre
eux dans la proportion de 3 cinquièmes à 2 cinquièmes.

Telle est la formule équitable et simple des rapports
entre le capital et le travail. Elle n'est autre que celle
de l'association. Ainsi, en principe, l'association est la
clef du problème de l'organisation du travail.

Quelles sont donc les difficultés qui empêchent les
faits de suivre cette loi de justice et de raison?

Jusqu'à présent nous venons de marcher sur un ter-
rain battu; d'autres avaient prouvé qu'il n'est pas d'organisation de la production en dehors de l'association.
Mais là s'étaient bornés leurs efforts, et, la formule
une fois trouvée, on semble avoir regardé comme su-
perflu de l'appliquer.

Toutefois, dans l'état actuel de l'industrie, il est impossible d'inaugurer ce principe d'équité; l'association n'est praticable ni en petit ni en grand. Quelques
essais l'ont démontré; le raisonnement devait le faire
prévoir. Je dis plus; je prétends que, sans une modification essentielle dans la constitution de l'industrie,
il y a injustice et spoliation à vouloir, pour le présent,
organiser l'association; cette modification essentielle

consiste dans une transformation préalable du salaire.

Ainsi toute tentative d'association du travail au capital, avec la constitution actuelle du salaire, me semble à la fois injuste et impossible.

C'est une double thèse dont la démonstration est la base même du système que nous présentons.

Condition préalable et indispensable. Comment, pour qu'il y ait association complète des deux agents producteurs, doit-on concevoir leur position respective? Évidemment, sur le pied de l'égalité. Si l'un des agents est par la force des choses subordonné à l'autre, il y aura exploitation et non association. Le fait préalable et nécessaire pour associer le travail au capital, c'est donc d'affranchir le premier de la suzeraineté du second. Hâtons-nous de dire que nous ne traitons ici qu'une question d'économie sociale et non de politique irritante; ces idées de liberté ou de vassalité ne s'appliquent donc qu'à la fonction même du travail. Elles découlent de l'étude du salaire, tel qu'il existe aujourd'hui.

Quand le capital et le travail se réunissent pour la création d'un produit, quelles sont les offres du capital? Voici comme il peut les formuler. « Je fournirai tous les éléments matériels de production, et j'attendrai pour rentrer dans mes avances, ainsi que pour toucher les bénéfices ou liquider les pertes, l'époque de la vente du produit. »

Que devrait dire le travail pour réclamer comme un droit les avantages de l'association? « Comme vous, j'apporte ma mise sociale, l'activité manuelle, et j'attendrai comme vous les résultats de l'opération, soit pour me rembourser de mes avances, soit pour courir les chances de l'affaire, heureuses ou non. »

Si le travail pouvait parler ainsi, nul doute qu'il aurait un droit irrécusable au partage des résultats de la production : car nous serions dans les termes mêmes de la formule, et personne ne peut être lésé par l'application de la justice. Mais pour cela, il faudrait que la position du travail, au lieu d'être précaire et misérable, fût assurée et pût suffire à ses besoins. Il faudrait qu'il pût, en effet, attendre sans avances et sans rétribution, non seulement la vente du produit débité presqu'au jour le jour, mais encore une époque de règlement de compte qui permît d'opérer en grand. Il faudrait enfin, et l'observation est majeure, qu'en cas de pertes, le travail pût les supporter et n'en laissât pas retomber tout le poids sur le capital. Pour bien rendre notre pensée, disons qu'il faudrait que le travail ne fût pas prolétaire, mais rentier, pour rendre possibles ses droits à l'association.

Qu'on remarque bien ceci ; car là est le point fondamental de notre système. Si le travail n'était pas forcé de demander une avance sur les résultats de la production, s'il pouvait, comme le capital, attendre jusqu'à la vente du produit et supporter sa part de perte, il aurait un droit irrécusable et imprescriptible à devenir l'associé du capital au prorata de sa mise sociale.

Au lieu de cela, qu'arrive-t-il? Entrons ici dans l'examen du salaire. Le travail, dénué de ressources, sans avances pour vivre jusqu'à la vente du produit,

sans réserves pour courir les chances hasardeuses d'une
opération, est obligé de recourir à la puissante protec-
tion de son associé. Il lui demande l'avance au jour le
jour de cette part des rentrées probables à laquelle il
aurait droit ; il échange contre une certitude modique
ses chances de bénéfices futurs ; il vend ses droits pour
une nourriture assurée.

Ses inconvénients pour le capital. Pour que le capital accepte ce marché à forfait, il
faut qu'il y trouve son compte. Car tout n'est pas
avantageux pour lui dans un pareil contrat. D'une
part, il est forcé de grossir le chiffre de sa mise sociale
de tous les salaires au paiement desquels il s'engage.
Si 300,000 fr. lui suffisaient, il lui en faut désormais
réunir 500,000.

Comme les besoins de la main-d'œuvre sont journa-
liers, le salaire doit être presque quotidien ; ainsi c'est
toutes les semaines, par exemple, que le capital devra
fournir à ces nécessités pressantes à l'aide du plus clair
et du plus net de sa mise sociale ; car, pour le solde du
salaire, il n'existe aucune des ressources de crédit qui
viennent en aide aux autres services du capital, tels
qu'achat des matières premières, frais généraux, etc.

En outre, non seulement, le capital court pour son
compte les chances de pertes que présente toute opération industrielle ; mais il prend même à sa charge
celles qu'aurait dû courir la main-d'œuvre. Une fois
le salaire payé, il ne peut plus exercer sur elle aucune répétition ; c'est une perte intégrale.

Il semble donc juste qu'en face de ces désavantages,
le contrat que le capital passe avec le travail sous le

nom de salaire offre au premier de sérieuses compensations; voici ce qu'elles sont :

D'abord, le capital se réserve de baisser le salaire, Pour le travail. selon les chances probables des opérations, jusqu'à sa limite inférieure, qui, rationnellement, doit être la représentation des consommations indispensables du travailleur.

Ensuite, il s'efforce de réduire encore ces services du travail par l'emploi d'agents mécaniques, aux bénéfices desquels il a seul droit, puisqu'il est seul maître de la production; enfin il profite de toutes les chances de bénéfice, puisqu'il a assumé tous les risques de pertes.

Du moment où le salaire est soldé, le travail est donc désintéressé dans l'entreprise; il n'a plus rien qui l'y rattache; le marché à forfait que lui a fait conclure sa misère présente devient la cause de sa misère à venir. Il est le subordonné du capital, et, ni en droit ni même en équité, il ne peut réclamer les avantages de l'association.

Telle est la position actuelle, désastreuse, mais non sans issue.

Ce n'est pas plus le capital que le travail qu'il faut en accuser. La tendance envahissante du premier est dans la nature des choses. Il ne serait même pas difficile de prouver qu'elle est destinée au plus grand bien des masses, sitôt que celles-ci seront admises au partage équitable des produits, c'est-à-dire aux bénéfices de l'association.

Supposons donc que l'on voulût, dans l'état présent,

faire une tentative d'association : si nous avons été compris, il deviendra évident que cette tentative entraînerait une injustice, puisque le salaire, ayant déjà désintéressé le travail, la part sociale qu'on lui attribuerait serait prise sur les droits du capital.

En outre, cette tentative serait impraticable ; car elle entraînerait pour le travail la nécessité de participer aux pertes proportionnellement à sa mise sociale ; et dans la plupart des cas, ce serait impossible.

Pour la société. La société elle-même est atteinte profondément par cette constitution de l'industrie basée sur le salaire ; ou plutôt, le salaire n'est qu'une conséquence du malaise social, un débris trop vivace encore de la misère antique. Nous avons, en effet, prouvé que ce n'est pas une condition nécessaire à l'industrie que cette avance de fonds destinée au paiement immédiat de la main-d'œuvre et déboursée par le capital. Nous avons vu que c'est bien un fait social et qui pourrait changer sans que la production s'en ressentît.

Évolution stérile et double emploi des capitaux engagés dans les salaires. Or, indépendamment des résultats indirects, tels que l'apathie industrielle et la démoralisation qui dégradent les classes inférieures ainsi salariées et désorganisent la société, il est une conséquence du salaire qui frappe directement sur la production en général. C'est l'évolution stérile de capitaux à laquelle cette nécessité donne lieu. Il y a dans ce mouvement perpétuel et improductif absorption d'une masse de fonds dont l'utilité sociale aurait été immense.

Ceci est une proposition qu'il importe de démontrer.

Qu'on suppose un instant un état social ou telle combinaison de crédit qui puisse faire vivre la main-d'œuvre sans percevoir de salaire, jusqu'à la vente du produit. Lorsqu'on énumérera les services nécessaires à la création de ce produit, on dressera à peu près la liste suivante :

CAPITAL.	Frais immobiliers. Frais mobiliers. Matières premières. Frais généraux, etc.	TRAVAIL.	Main-d'œuvre. Talent.

Or, si ce sont là les seuls éléments nécessaires à la production, le salaire, qui dans l'état actuel vient se ranger à la suite des services du capital, est donc une superfétation, un double emploi. Il y a double emploi puisqu'il y a apport de la main-d'œuvre et apport de la représentation de cette main-d'œuvre; le service réel et effectif étant la main-d'œuvre, l'autre n'est qu'une charge pour le capital forcé de le fournir, et pour la main-d'œuvre, contrainte de l'exiger. Qu'on se figure, au lieu de cet empiétement de l'un des agents sur l'autre, au lieu de cette confusion des services, la marche franche et l'allure régulière que prendrait la production, si tout le capital était employé à ses services réels, si la main-d'œuvre n'apportait que ses bras et ne demandait que sa part dans l'œuvre collective. Qu'on suppute l'énorme masse des salaires payés annuellement dans tout un pays et qu'on en grossisse le capital reproducteur de ce pays, l'épargne nationale. Car, il faut le remarquer, le capital employé aux salaires, y est enfoui improductivement; la main-d'œuvre ne fait que consommer pour ses besoins et elle ne peut rien épargner; elle ne thésaurise pas sur le salaire qu'elle reçoit. Là où il n'y a pas épargne, il n'y a pas augmentation de richesse; l'évolution des capitaux consommés sous forme de salaire est donc stérile et la production est privée d'un immense ressort.

Conclusion. En résumé, le salaire tel qu'il existe est un fait anti-social et anti-industriel. Il absorbe des ressources précieuses dans une opération stérile; il infériorise une classe à l'autre, et perpétue l'esclavage antique en consacrant par le droit l'exploitation du travail par le capital; il s'oppose à l'avénement du vrai principe de justice et de richesse; il froisse même, par ses incertitudes et ses exigences, la classe qu'il favorise.

Transformation du salaire. C'est donc sur la transformation du salaire que devra reposer tout système d'association, c'est-à-dire d'organisation industrielle.

Comment devrons-nous entendre cet énoncé si vague? Que devra-ce être que cette transformation du salaire? Nous résoudrons cette question par le but même que la théorie nous a indiqué. Cela doit être une constitution qui permette à l'ouvrier de vivre jusqu'à la liquidation de l'entreprise et en outre de supporter sa part des pertes que les opérations peuvent entraîner.

— Dans un double but. Ainsi, double condition indispensable à l'organisation de la production;

Existence du travail indépendante du capital;

Participation du travail aux pertes sociales;

— Par un double moyen. A ces deux problèmes correspondent les solutions suivantes :

Constitution du crédit de la main-d'œuvre;

Mutualité universelle du travail.

Examinons chacune d'elles séparément.

1° *Constitution du crédit et de la main-d'œuvre.*

Il est un fait qui, sans être généralement adopté, est cependant assez connu et assez pratique pour qu'on puisse le présenter ici en toute assurance, comme contenant le germe de la solution cherchée.

Un entrepreneur ou une société dont le crédit est solidement assis et longuement éprouvé dans la sphère où ont lieu ses opérations, a remarqué tous les désavantages qu'entraîne la nécessité du salaire. Cet entrepreneur voit chaque semaine le plus clair de son fonds de roulement aller se perdre en denrées au lieu de se consommer reproductivement entre ses mains. Il pense alors qu'il serait bien plus simple d'attendre que le produit remboursât lui-même la main-d'œuvre qu'il a employée, et, jusqu'à cette époque, il songe à tirer parti du crédit qu'il possède. La chose lui est aisée.

Les fournisseurs qui n'auraient pas livré leurs denrées à ses ouvriers sans un paiement immédiat, consentent sans peine à recevoir pour solde de ces consommations des billets à ordre souscrits par l'entrepreneur. Les ouvriers, voyant ces billets acceptés comme de la monnaie courante dans leurs échanges quotidiens, n'hésitent pas à les recevoir en guise de salaire, et de la sorte se trouve constitué le crédit de la main-d'œuvre, puisqu'en réalité c'est le produit seul qui paie à l'échéance le salaire des travailleurs.

Toutefois, qu'est-il arrivé dans cette combinaison?

c'est que ce crédit, basé sur le crédit personnel de l'entrepreneur, a dû lui rapporter, à lui seul, tous les bénéfices de l'opération, sans assurer aucun avantage au travail, ni lui conférer aucun droit à l'association.

Tirons donc cette première conclusion; c'est que lors même que le capital co-intéressé userait de son crédit pour éviter le déboursé du salaire, ce serait une opération qui lui serait spéciale et qui ne regarderait en rien le travail. Ce dernier ne pourrait même qu'y courir des chances fâcheuses, le crédit étant toujours moins sûr qu'un paiement au comptant.

En serait-il de même dans le cas où un tiers intervenant offrirait à la main-d'œuvre de lui ouvrir ce crédit qui doit la mettre à même d'attendre l'évolution de l'industrie et l'affranchir de la suprématie du capital?

Supposons, par exemple, qu'il se formât de grandes compagnies de crédit, des sortes de banques générales qui présentassent des garanties suffisantes et dont le papier fût accepté par le commerce comme solde des consommations de la main-d'œuvre. Ce papier devrait être remboursé par ces compagnies à des époques correspondantes à la liquidation des diverses opérations industrielles ainsi commanditées. Dans ce cas, il est vrai que le travail se trouverait affranchi de toute dépendance vis-à-vis du capital, son associé, et pourrait conclure avec lui un contrat nouveau. Mais qui ne voit que ce serait échapper à une exploitation pour retomber sous une autre? Croit-on que les capitaux commanditaires se réuniraient ainsi dans un but purement philanthropique, afin d'émanciper le travail et de lui fournir des droits à l'association? De quelles barrières que l'État entourât les règlements de pareilles compagnies, qui pourrait les empêcher, lorsqu'elles tiendraient entre leurs mains, par le crédit, l'existence des classes inférieures, de leur faire des conditions bien autrement dures que ne l'est la position actuelle? Ce même capital, forcé de partager le bénéfice industriel, ne se ferait-il pas banquier pour regagner par le prêt ce qu'il aurait perdu par l'association? Je laisse encore de côté, dans cette hypothèse, les dangers politiques que présenterait l'incertitude de l'existence des travailleurs, vacillant sans cesse au gré des fluctuations de bourse, suivant le crédit des compagnies commanditaires, victime de leur concurrence et tarifée, par les possesseurs de denrées, suivant la hausse ou la baisse des actions capitalistes.

Cette constitution du crédit de la main-d'œuvre basée sur un crédit particulier, si puissant qu'on le suppose, est donc aussi dangereuse qu'absurde. Elle est impraticable.

Cependant nous avons vu que l'intervention d'un tiers commanditaire était le seul moyen d'affranchir le travail de la dure nécessité du salaire et de lui permettre de souscrire avec le capital un contrat régulier d'association.

Puisque ce tiers ne saurait être ni un particulier, ni une compagnie; quel doit-il donc être? Nous répondrons, c'est l'État.

Avant d'entrer dans la démonstration de cette proposition, complétons-la en traduisant la totalité de notre pensée. Ce sera poser en même temps la pierre angulaire de notre système.

Toute main-d'œuvre, concourant à la production dans des conditions normales d'exercice et suivant certaines garanties dont nous nous occuperons ultérieurement, a droit à être commanditée par l'État. L'État émet, au fur et à mesure des opérations, des bons ou billets représentant les salaires de cette main-d'œuvre et devant être remboursés lorsque les opérations se liquideront. Il en garantit le paiement à la circulation qui, dès lors les accepte comme solde des consommations de la main-d'œuvre. A l'époque de la liquidation, l'État rentre dans ses avances, acquitte et annule ses billets, et la main-d'œuvre est admise, sous ce même patronage de l'Etat, au partage proportionnel des bénéfices. L'association est réalisée; il y a organisation de la production.

Ceci posé, il s'agit d'en démontrer la possibilité.

La difficulté principale, l'objection qui tout d'abord se présente, est celle-ci : Quelle est la garantie qui couvre l'État de ses avances en billets et qui lui en assure le remboursement? En d'autres termes, quelle est la base sérieuse d'un crédit qui ne s'appuie que sur des opérations hasardeuses et auquel échappe le seul gage réel, le produit?

Remarquons d'abord, et comme observation préalable, que l'État ne fera en tous cas, que ce que font maintenant tous les entrepreneurs d'industrie qui soldent les salaires, non pas seulement en billets, mais encore

en espèces et au comptant, en courant, comme nous
l'avons dit, toutes les chances des opérations. La position de l'État sera même préférable, en ce que le solde
des billets émis n'écheoit pour l'État qu'après la vente
du produit, ce qui rend toujours son remboursement
plus facile.

Si l'on descend ensuite dans le fond même de l'objection et qu'on veuille examiner théoriquement le
principe d'un crédit accordé à la main-d'œuvre, sans
autre gage ni garantie qu'une certaine organisation
préalable des entreprises, on est amené à des considé-
rations qui appartiennent au second problème ainsi
posé : « Participation du travail aux pertes sociales, »
et dont nous avons formulé la solution comme il suit :

2° *Mutualité universelle du travail.*

Toutes les fois qu'un ouvrier a fini sa journée de travail, il a livré à la société une valeur créée dont le salaire, ainsi que nous l'avons dit, n'est qu'une représentation incomplète, puisque ce salaire doit se grossir
ultérieurement d'un bénéfice variable, suivant la demande du produit. La société reçoit donc chaque jour
une véritable avance de la part de toute la main-
d'œuvre du pays et elle s'enrichit de tout le travail qui
s'y accomplit. Si donc elle prête aux travailleurs le
crédit de l'État pour couvrir exactement les frais nécessaires à leur existence, elle ne risque rien, puisqu'elle a reçu d'eux une valeur plus grande et qu'elle
leur reste encore redevable de tout le bénéfice qu'ils
devront percevoir à l'époque de la vente du produit.

Mais, dira-t-on, les pertes, les faillites, les fausses

entreprises, les opérations désastreuses! Comment l'État sera-t-il mis à l'abri des conséquences fatales de sa commandite dans ces cas malheureux?

Constatons d'abord l'identité de cette question, ainsi posée, avec celle que nous nous étions donnée ci-dessus : « Participation du travail aux pertes sociales.» En effet, que ce soit l'entrepreneur ou l'État qui fasse l'avance de la perte, le problème est toujours de faire couvrir l'un ou l'autre par le travail. Dans le cas présent et d'après le système que nous avons résumé en quelques lignes, la perte consisterait dans la présentation à échéance d'un certain nombre de billets émis et garantis par l'État, et que la main-d'œuvre ne pourrait acquitter lors de la liquidation des opérations, parce que cette liquidation se ferait avec déficit. Les pertes sociales de la main-d'œuvre ne peuvent pas être autre chose qu'une destruction plus ou moins complète de son apport, c'est-à-dire du salaire qui le représente. Les autres genres de perte sont de l'essence du capital et ne portent que sur lui.

Garanties que présente la mutualité.

La question se réduit donc à faire couvrir par l'ensemble de la main-d'œuvre du pays les pertes qui ont lieu dans les cas que nous avons énumérés.

Or, il n'est personne qui ne convienne que ces cas sont une fraction minime en face du travail national, et que la production à perte n'est qu'une exception fort rare, une anomalie dans l'ensemble des opérations agricoles et industrielles. C'est quelque chose, comme les sinistres qui atteignent la propriété de différentes manières et dont le dommage total, malgré la variété des modes d'action, est représenté par quelques millièmes de la valeur des biens qui y sont exposés.

Il est même à remarquer que les sinistres industriels qui frappent les entreprises, et dont la proportion d'ailleurs sera infiniment réduite par les combinaisons que nous exposerons plus tard, ne sont pas tous et toujours des annulations de valeurs. Ce sont souvent de simples déplacements qui nuisent peu à l'activité de la production générale. Il se produit alors une sorte de compensation qui fait qu'un pays peut s'enrichir, malgré l'instabilité d'équilibre entre les fortunes privées. L'exemple de l'Amérique du Nord vient à l'appui de cette observation.

Ceci est une preuve de plus que c'est à l'État seul qu'il faut demander de constituer le crédit de la main-d'œuvre ; car c'est lui seul qui, représentant et résumant en lui tous les intérêts, peut balancer les profits et pertes dans la masse des transactions et opérations nationales. On pourrait presque dire qu'il n'y a de chances de pertes réelles pour lui que dans les relations du pays avec l'étranger.

Quant aux combinaisons qui permettront de demander à la mutualité de la main-d'œuvre la garantie que l'État est en droit d'exiger, l'exposé en sera fait ultérieurement. Il suffisait de démontrer ici que dans cette mutualité résidait la possibilité de couvrir les pertes isolées et partielles de la main-d'œuvre, et par suite de constituer son crédit à l'aide du crédit de l'État.

Résumé des principes posés dans ce chapitre.

Dans cette première partie, nous avons posé les bases

théoriques de notre travail. Nous avons démontré spécialement les propositions suivantes :

L'organisation de la production consiste dans l'association du capital et du travail.

Cette association n'est possible qu'en établissant le contrat de coopération sur le pied d'égalité et en affranchissant ces deux agents de la charge du salaire.

Cette égalité suppose que le travail peut exister sans recevoir d'avances jusqu'à la vente du produit et qu'il peut courir les chances de perte comme celles de gain.

Le travail ne peut vivre sans salaire qu'à l'aide d'un crédit constitué à son bénéfice.

Ce crédit ne peut être basé ni sur le capital industriel, ni sur des capitaux financiers. L'État seul est en mesure de le réaliser. L'association privée est donc impossible.

La solidarité du travail, dans l'ensemble du pays, fournit à l'État une garantie suffisante pour ce crédit, en mettant la main-d'œuvre à même de participer aux pertes que pourraient présenter les opérations.

Après ces conclusions théoriques, nous avons à faire connaître les moyens organiques que nous proposons pour réaliser notre système.

DEUXIÈME PARTIE.

EXPOSÉ ORGANIQUE DU SYSTÈME.

CHAPITRE I.

DES SOCIÉTÉS PRODUCTRICES.

§ 2. — **Organisation de la Société productrice.**

Avant de commencer le développement des mesures de réalisation que je vais proposer, je dois insister sur une observation préliminaire.

Pour peu qu'on ait pénétré dans l'étude des questions industrielles, on sait combien elles s'enchaînent toutes entre elles et la difficulté qui existe à les traiter isolément. C'est même là, disons-le, en passant, l'obstacle capital à toute amélioration de détail qui ne se rattache pas à une idée première et générale, à un plan d'ensemble. Or, cette difficulté se trouve ici dans son entier pour ce qui est de notre exposé. Ainsi, devant faire connaître dans ce chapitre le pivot de l'organisation industrielle, je serai forcé de toucher à beaucoup de faits qui seront traités plus tard, et il me faudra souvent renvoyer le lecteur à une page plus avancée.

Nous avons résumé en quelques lignes (page **17**) la base sur laquelle doit s'organiser la production. Nous avons dit que l'État ouvre un crédit à tout travail qui s'exerce sous certaines conditions et émet sous sa propre

Principe
fonda-
mental

garantie des billets qui sont remboursés aux détenteurs après la vente du produit. Moyennant cette représentation des services du travail, celui-ci peut attendre, sans salaire, l'époque de la vente, et dès lors l'association devient pour lui un droit incontestable, qu'il peut hautement réclamer.

Réalisation graduelle. — Remarquons, dès le début, une conséquence de cet énoncé. C'est que la mesure n'est nullement obligatoire et ne procède pas par voie de réglementation générale. C'est une simple offre bénévole de la part de l'État. Il en résulte que les industries et les entrepreneurs viendront se grouper autour du principe nouveau en nombre et en temps proportionnels aux avantages qu'il leur présentera. Cette marche mesurée offre un triple bénéfice ; l'essai se fait sans risques graves et sur la plus petite échelle ; les habitudes se réforment sans secousses ; et les conséquences, un peu lourdes peut-être par la suite à l'un des intérêts rivaux, se ménagent progressivement ; ceci peut s'entendre, par exemple, du loyer des capitaux qu'aurait le tort de déprécier la réalisation trop brusque du crédit de la main-d'œuvre.

Formation de Sociétés anonymes. — Les conditions auxquelles l'État ouvre son crédit à tout entrepreneur postulant sont fort simples. Cet entrepreneur devra uniquement joindre à sa demande une instance à l'effet de transformer son entreprise privée en une compagnie anonyme et autorisée[1]. L'instance

---

[1] En donnant la préférence à la forme de société anonyme, j'ai eu en vue certains avantages que l'on saisira aisément ; je ne me suis pas dissimulé toutefois les vices qu'elle présente, surtout quand il